Erstlesebuch

von
Wilfried Metze

illustriert von Petra Probst
und Sabine Metz

Cornelsen

An die Tobis

L l

4

Leo

Ole

O o e

5

Ela

Alo

E

6

Plan des Tobi-Waldes

A α

Papa

Mama

M m

8

Opa

Oma

Plan des Tobi-Waldes

P p

9

Alle malen Namen.

Oma

Wir kommen.

Papa

Mama

Ela

Opa Alo

N n

10

Alle planen.

Iiii, lila Linien im Plan!

Ela malt Tante Ina.
Alo malt mit lila Tinte.

Mama malt Namen
in Alos Plan.

Soll Alo alle Namen
lesen?

Tante Ina

Enten-Insel

Tannen-See

Simon

Ost-Tal

S   s

13

So ist es toll:

Im Sattel ins Tal.

Was ist mit Ela los?
Plant Ela etwas?
Was will Ela?

Ela rollt mit Tempo
ins Tal.
Rast Ela ins Wasser?
Wer warnt Ela?

Tannen!

Wasser!

R r

O nein!
Ela rast in eine Tanne.

Ela reitet ins Tal.
Eine tolle Reise!

Das war prima!

Wo sind alle anderen?
Ela ist allein.

D d

Halt!
Warte!

Ela rennt weiter.
Ein Hase hoppelt
hinter Ela her.

Wer wartet dort
hinten im Wald?
Der Hase warnt Ela.

H h

19

Der Wolf will den armen

Hasen fressen.

Ela rettet den Hasen.

Der Faden ist fest.

Tief im Wald flattert
ein fremdes Wesen.
Ist das ein Tier oder
eine Elfe?

Ela will es wissen.
Sie rennt hin.

Fieser Wolf!

ie

Elfen findet man nicht oft
im Nord-Wald.
Sie lassen niemand dicht
an sich heran.
Was machen Elfen im Wald?

Ich bin
der beste Biber,
oder?

Er holt einen Biber,

der im nahen Bach lebt.

Ela ist bald frei.

B b

24

Eine Unruhe
ist das!

Ela sucht die Tobis.

Sie ruft nach ihnen.

Der alte Uhu

will seine Ruhe.

Da sieht Ela den Raben

und ihren Hund.

U u

25

Die Tobis sind an einem See.

Dort warten sie.

Leo und Ole sind nicht da.

Sie suchen Ela.

Papa kocht Kaffee.

Opa sammelt Beeren.

Das ist Mamas Nase

und keine Himbeere!

Wo hat Opa nur wieder

seine Brille?

K k

Was macht Papa denn da?

Und was holt Opa aus dem Korb?

Wenn das nur Oma nicht sieht!

Alo arbeitet ohne Pause.

Auf dem Boot hat Mama

ihre Ruhe.

Au au

27

Toll!

Aha! Alo, Papa und Opa
wollen fischen. Papa will
mit seinem Schirm
wohl einen Riesenfisch
bekommen.

Mmmh,
nicht schlecht!

Was hat Alo denn da?
Das ist kein Fisch.

Sch sch

28

Das mag Mama:

im Boot liegen und lesen.

Sie liest eine Grusel-Geschichte.

Das Boot gleitet ruhig dahin.

Mama, dein Schal ist im Wasser!

G g

29

Mama merkt nicht,
dass das Boot weiter weg treibt.
Es wird immer schneller.

Dort hinten ist ein Wasserfall!
Gleich geht es weit hinunter.
Alo schreit: *Pass auf, Mama!*
Der Wasserfall!

Mama schaut auf.

Sie erkennt die Gefahr.

Schnell nimmt sie die Ruder

und legt los.

Mama muss sehr schnell rudern.

Das Buch plumpst ins Wasser.

Es rast in die Tiefe.

Mama schafft es gerade so.

Sie erreicht knapp das Ufer.

Der Schal ist auf einmal so
schwer. Alle fassen mit an und
ziehen. Zwischen den Maschen
zappelt ein fetter Hecht.
Wozu so ein Schal gut sein kann!
Oma hat auch wieder ein paar Pilze.

Es wird dunkel. Dicke Wolken
ziehen auf. Die Tobis machen
sich Sorgen um Ela.
Wo sie nur bleibt? Opa blickt
zum Himmel. Er sagt: *Wir wollen
sie suchen. Es gibt ein Gewitter.*

ck

33

Opa packt den gefangenen Hecht
in einen Sack. Dann buddelt er ihn ein.
Er hat Angst, dass ihn ein wildes
Tier frisst.

Es hat angefangen zu regnen.
Nun aber schnell los!

Seit wann
werden Fische
begraben?

ng

34

Es wird finster im Wald.

Wo Ela nur steckt?

Alo entdeckt einen seltsamen

Stamm. Er sieht zerbissen aus.

O weh! Papa stottert:

Po... Po... Polter...-Trolle!

Hier waren die schrecklichen Riesen.

Oma schaut sich um.

Steht da nicht einer?

Nein, es ist

nur ein Stamm.

St   st

35

Der Sturm heult.

Ein helles Licht leuchtet auf.

Es donnert.

Die Tobis erschrecken.

Dort bewegt sich etwas!

Eine Eule fliegt auf.

Steht dort etwa ein Riese?

Eu eu

Aus der Dunkelheit kommen
Stimmen.
Wieder blitzt es.
Im grellen Licht der Blitze
sehen die Tobis einen Geist.
Sie erstarren.

Der Geist bewegt sich.
Er kommt langsam
auf sie zu.

tz

37

Hilfe, hier spukt es!

Die Tobis lieben zwar Spannung

und Abenteuer,

aber doch keine Gespenster!

Die machen ihnen Angst.

Alle ducken sich hinter einen Busch.

Sp sp

38

Plötzlich sind wieder Stimmen
zu hören.
Sie klingen aber gar nicht nach
einem bösen Geist.
Papa schielt durch eine Öffnung
im Schirm.
Der Geist öffnet seinen Mantel.
Da springen die Tobis hoch!

Ö Ö

39

Alo lacht laut.

Er rennt auf den Geist zu.

Jetzt sieht es auch Papa.

Das ist ja gar kein Geist!

Das sind Ela, Ole und Leo.

Sie war doch kein Jahr lang weg!

Die Tobis jubeln.
Endlich haben
sie Ela gefunden!
Jeder will sie umarmen.

J j

40

Die Tobis sind glücklich.
Übermütig hüpfen sie um
Ela herum.

Nun aber schnell
zurück zum See!
Opa fürchtet, dass der Hecht
gestohlen wird.
Über den Tannen wird es
schon wieder hell.
Der Donner wird leiser.

Ü Ü

41

Es regnet nicht mehr.

Papa zündet ein Feuer an.

Die Tobis hängen

die nassen Sachen auf.

Ela erzählt ihre Abenteuer.

Alle lauschen gespannt.

Keiner bemerkt

die drohende Gefahr.

Ä ä

Ein riesiger Bär nähert sich
dem Feuer. Ängstlich zeigt
der Hase auf den Bären.
Gebt Acht, ihr Tobis, sonst ist
es um euch geschehen!

43

Ela hat Hunger. Ihr Magen knurrt. Papa will den Hecht braten. Erst jetzt entdecken die Tobis den Dieb.

Da läuft der Räuber. Er hat sich Mamas Hecht geholt. Und die Tobis haben nichts bemerkt.

äu

44

Zum Glück gibt es noch Omas Pilze. Sie kochen daraus eine leckere Suppe.

Der aufregende Tag geht zu Ende. Die Tobis werden müde. Sie kuscheln sich aneinander und schlafen zufrieden ein.

Die Frösche quaken laut im Schilf.
Opa wird wach.
Die kurze Sommernacht ist bald
zu Ende. Es wird schon langsam
hell. Nebel steigt auf.
Wie wunderschön ist doch die
Heimat der Tobis! Opa nimmt
seine Gitarre aus dem Rucksack.
Leise singt und spielt er ein Lied:

Dort, wo die Nebel aus dem
Wasser steigen,
wo in der Dämmerung sich Feen
und Elfen zeigen,
wo klares Wasser aus den
Quellen springt,
der Tobi-Opa zur Gitarre singt.

Qu qu

Viele, viele weitere Verse singt der alte Tobi.

Einer nach dem anderen wird wach.

Vom Ufer fliegt ein kleiner Vogel auf.

V v

Schnell ist alles gepackt.
Die Reise zum großen Fest
der Kobolde kann weitergehen.

Doch wie sollen sie bloß über
den See und den Fluss kommen?
Das Boot ist viel zu klein für alle.

Alo hat eine Idee: *Wir bauen
ein Floß*. Doch mit einem Beil
allein dauert das viel zu lang.

48

Zum Glück leben im See Biber.
Die Bäume werden zersägt.
Mama und Oma nehmen die
Pilzschnur. Sie binden damit
die Stämme zusammen.

Nach ein paar Stunden liegt
das Floß fix und fertig am Ufer.
Papa sieht sich um: *Wo ist die Axt?*

Alo sucht sie. Hinter einem Busch
entdeckt er eine Kiste.
Im Deckel steht, wem sie gehört.
Alo lacht laut los.

Alraun von Ametist
Hexenmeister
Schönster Mann
der nördlichen Welt

X

Ela kommt angelaufen.

Cool!, ruft sie.

In der Kiste sind viele Bücher,

Dosen mit Cremes,

Flaschen mit Parfüms, Hosen

und Jacken aus Seide.

Ela nimmt das oberste Buch

aus der Kiste.

Das sieht ihr ähnlich!

C c

Leo hat in der Kiste Mamas
Halskette gefunden. Dieser Dieb!
Die Tobis kennen Alraun.
Er ist ein schlimmer Gauner.

Mama würde am liebsten alle
Bücher mitnehmen.
Aber sie sieht ein, dass Papa
Recht hat:
Wir stehlen nichts – auch nicht
von einem Dieb.

Goht es do long?

Die Tobis packen alles wieder
in die Kiste.
Ihre eigenen Sachen bringen sie
auf das Floß.
Alo hat auch die Axt gefunden.
Nun kann es losgehen.

Das Floß entfernt sich vom Ufer.
Da hören sie laute Stimmen aus
dem Wald: *Mossen wor do long?*
Schnell weg! Die Poltertrolle kommen.

Die Reise geht quer über den
See und dann den Fluss hinunter.
Alo steuert das Floß.
Die Tobis fahren zum Fest.
Dort treffen sie alle Freunde wieder.

Ela freut sich besonders auf Sylvia.
Sie bringt sicher ihr Pony mit.
Alo träumt von dem leckeren Essen.
Opa hat sich schon fein gemacht.
Er trägt seinen Zylinder.

Bald verschwindet das Floß
in der Ferne.

y

Auf Wiedersehen, ihr Tobis.
Lebt wohl.

August

Oktober

November

Oma ist mit Ela im .

Oma will  sammeln.

Wt im Osten sollen

an nem See seltene  sn.

Im See ist ne seltsame Insel.

INSEL IM ALTEN SEE

62

Im Moos an einem ☘ ist etwas.

Oma nimmt es.

Es ist eine Art Plan.

Ela soll lesen.

LA - TER - NE
Also LA - ...?
LI - ...?

Meine Insel ist
im Alten See.
Mein Name ist:

Nennt meinen Namen!

Dezember

Ela ist mit Alo im Wald.

Ela nimmt Alos Arm.

Psst! Leise!
Was ist das?
Weint da wer?

An einer Tanne

ist eine ⬭⬭ ⬭.

Alo will wissen,

wer dort ist.

An den Treppen

ins Momel-Land

ist ein seltsames Wesen.

Es ist ein Momel.

Es weint.

Was ist mit dir?

Milo will in sein Land.

MOMEL-LAND

Sein Name ist Milo.

Januar

Februar

Hilfe! Der Frost will seine Macht
im Nord-Wald nicht beenden.
Es soll immer Winter bleiben.
Im Reich des Frostes
sind an 5 Orten Sachen,
die dort nicht hinpassen.
Sie bilden ein Wort.
Dort sollte man der Reihe nach
suchen: Tor   Wald   Blumen
Palast   Tiere
Wer findet das Wort?

Die Wichtel des Nord-Waldes

Die Tobis wollen nicht immer Winter haben.

Sie wollen, dass es wieder warm wird.

Das Reich des Frostes ist weit im Norden.

Die Reise dorthin dauert eine Woche.

März

Ela und Alo sind im Wald.

Es ist ein herrlicher Tag.

Die Sonne scheint und

taut den restlichen Schnee.

Da kichert einer, ruft Ela.

Und dort auch!

Alo schaut nach oben.

Auf einmal plumpst etwas herunter.

Es ist ein Stein, der in Papier gewickelt ist.

Alo streicht das Papier glatt und liest.

Liebe Tobis,
ihr habt den Winter besiegt.
Zum Dank wollen wir
euch etwas schenken.
Ihr findet es bestimmt.

Die Wichtel

1) Ast 2) pilz
3) Weiden
4) haufen
5) Oster
6) loch 7) Fels
8) Schnee
9) zweig

An einem Tag im April taucht
ein kleiner Kobold im Wald auf.
Er ruft sehr aufgeregt:
Fürst Marigor hat die Tierkinder
zu Stein gezaubert.
Ich will sie befreien.
Bitte helft mir!
Ela und Alo folgen
dem Kobold.

Auf einer Wiese stehen Tiere aus Stein.
Der Kobold stöhnt:
Ich habe Marigor die blauen Zauber-Tafeln geklaut.
Aber ich kann leider nicht lesen.
Die Tafeln sind wohl an den falschen Stellen.

Ela und Alo wollen Meister Libro besuchen.

Vom alten Libro leiht sich Mama oft Bücher.

Der Weg führt durch die stille Schlucht.

Der Eingang zur Schlucht ist versperrt.

Ein riesiger Troll sitzt dort.

Hallo, ihr Zwerge!, grüßt er freundlich.

Wir sind keine Zwerge, ruft Ela,

wir sind Tobis! Und wer bist du?

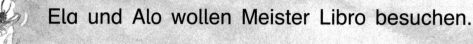

Der Troll wundert sich: *Ihr kennt*

mich nicht? Jeder im Nord-Wald

kennt mich. Und wer meinen Namen

nicht kennt, der kommt hier nicht durch.

Das ist mein Name, grinst der Troll

und zeigt die Zeichen an seiner Kette.

Da sind noch andere Zeichen.

Was könnten sie bedeuten?,

überlegt Alo.

Vielleicht Hut, Hose und Korb?,

antwortet Ela, *denn Hut und Hose*

sind vorn gleich.

Juni

Torpe ist bei den Tobis zu Besuch.

Er hat am eisigen See wilde Bienen entdeckt.

Papa und Torpe wollen den Honig haben.

Torpe will gleich in den Baum klettern.

Doch Papa hält ihn zurück: *Bist du lebensmüde?*

Papa hat einen Plan.

Dafür hat er Sachen mitgebracht.

Torpe klettert in den Baum,

zündet Holzwolle an und wirft sie

in den hohlen Stamm.

Ein riesiger Schwarm Bienen flüchtet.

Torpe holt die Waben mit dem Honig heraus.

Der Schwarm taucht wieder auf

und fliegt auf Papa zu.

Der flüchtet: *Ich habe den Honig nicht!*

Papa rettet sich in den eiskalten See.

Die Bienen verschwinden. Torpe springt auch

in den See: *Warum gehst du alleine baden?*

Ein Bild passt nicht zur Geschichte.

Juli

Die Tobis sind auf dem Weg zum Fest.

Unterwegs kommen ihnen drei kleine Kobolde

entgegen. Sie sind bunt gekleidet.

Sie kichern und lachen.

Papa begrüßt die Kleinen:

Hallo! Wollt ihr auch zum Fest?

Wir sind die Tobis und wer seid ihr?

Die Kobolde tun so, als hätte Papa

einen tollen Witz erzählt.

Sie schreien vor Lachen

und wälzen sich am Boden.

Papa wird sauer:

Seid ihr nicht ganz richtig im Kopf?

Was gibt es da zu lachen?

Die bunten Kobolde halten sich die Bäuche.

Sie lachen sich kringelig.

Papa wird immer wütender.

Doch Mama beruhigt ihn:

Das müssen Kicherkobolde sein.

Die lachen immerzu.

Vergleiche Text und Bild.

Finde die Unterschiede.

Hinweise zur Arbeit mit den Monatsseiten

Monat	Aufgabe	Lösung
August	Zur Bildergeschichte erzählen, Fehler in Bild 3 erkennen.	*Äpfel* statt Pflaumen im Korb
September	Bilder vergleichen, Gegenstände ermitteln, die die Tobis im Tausch gegen Lebensmittel mitgenommen haben.	*Spaten, Rechen, Fuchsschwanz (Säge), Besteck, Sieb, Krug, Teekessel, Hammer*
Oktober	Zeichen auf dem Zettel mit Hilfe des Codes auf dem Felsen entschlüsseln. Zeichnung auf den Lappen zeigt die Stelle im Wald, an der der Schatz verborgen ist. Fortführung: Ausdenken, was in der Kiste ist.	*Nimm alle 6 Lappen mit.* *Schatzkiste hinter dem großen grauen Felsen in der Bildmitte*
November	Die Skulpturen auf der Insel benennen. Gesucht wird jeweils die erste Silbe der drei Wörter. Zum Bild unten rechts erzählen.	*Laterne, Libelle, Maske* Der Name lautet: *LA-LI-MAS = LALIMAS.*
Dezember	Die Silbenplättchen des Kobolds müssen in die Vertiefungen der Tür eingesetzt werden (Endsilbe des vorderen und Anfangssilbe des hinteren Wortbildes).	*WESPE – PE – PEDAL* *MANTEL – TEL – TELLER* *PALME – ME – MELONE* *BESEN – SEN – SENSE*
Januar	Erzählen: Bilder der Geschichte in die richtige Reihenfolge bringen (Empfehlung: Monatsgeschichte Januar vorlesen). Lösungsbuchstaben ordnen.	links: *Winter* rechts: *Helfer* Lösung: *Winter-Helfer*
Februar	Bei den Eisstatuen versteckt sich jeweils ein Gegenstand, der nicht passt. Diese Gegenstände entsprechen den Anlautbildern der Buchstabentabelle, die Anlaute ergeben das Lösungswort.	Tor: *Wolke* Wald: *Äpfel* Blumen: *Raupe* Palast: *Maus* Tiere: *Ente* Lösung: *WÄRME*
März	An den durch Wort-Bild dargestellten Gegenständen sind Buchstaben versteckt. Fortführung: Ausdenken, was die Wichtel den Kindern schenken.	Lösung: *HOLZSTAPEL*
April	Die Namen der Tierkinder sind falsch zugeordnet. Die Kinder sollen die Namen mündlich (oder auf dem zugehörigen AB schriftlich) zuordnen.	*Reh – Kitz* *Fuchs – Welpe* *Schaf – Lamm* *Wildschwein – Frischling* *Elch – Kalb*
Mai	Die Zeichen auf *Hut, Hose* und *Korb* stehen für die Einzelbuchstaben dieser Wörter und verraten den Code, um den Namen auf der Holzkette zu entschlüsseln (hilfreich ist die schriftliche Arbeit auf dem zugehörigen AB).	Name des Trolls: *HUBERT*
Juni	Erzählen: Bilder der Geschichte in die richtige Reihenfolge bringen, falsches Bild finden.	*Bild 4: Papa versucht einen Schmetterling zu fangen.*
Juli	Unterschiede zwischen Text- und Bildaussagen finden.	Den Tobis begegnen *6 Kobolde.* *Opa* spricht mit den Kobolden. Kobold 2 *ist nicht bunt gekleidet* Kobold 3 *ist größer* Kobold 4 *macht Handstand* Kobold 5 *lacht nicht*

... und weiter geht's im Tobi Lesebuch 1/2!